AF543605

Wakayama Bokusui

IN DER FERNE DER FUJI WOLKENLOS HEITER

Wakayama Bokusui

IN DER FERNE DER FUJI WOLKENLOS HEITER

Moderne Tanka

Ausgewählt, übersetzt
und mit einem Nachwort von
Eduard Klopfenstein

MANESSE VERLAG

I

Stimme des Meeres (1908)
Allein kann ich singen (1909)
Abschied (1910)

Shiratori wa
kanashikarazu ya
sora no ao
umi no ao ni mo
somazu tadayou

1907 *1, 13, 1 · vgl. S. 9*

しら鳥はかなしからずや空の青
海のあをにも染まずたゞよふ
牧水

Weiße Schwäne
seid ihr nicht traurig
so zu schweben
ungefärbt vom Blau des Himmels
vom Blau des Meeres

1907 *I, 13, 1*

Im Dunkeln
ist es nun kühler – noch kühler
der Sand
Ich lege mich nieder am Strand
lausche den schwarzen Fluten

Sommer 1906/07 *I, 14, 3*

Auch heute
dichte ich Verse
weiß nicht warum
getrieben von Sehnsüchten
Traurigkeiten

1907 *I, 12, 1*

In der Ferne der Fuji
Im Lande Musashi
strahlender Herbstmorgen
Ein Tag zum Buchweizensäen
Hinaus ihr Enkel   kommt mit!

Herbst 1904 *I, 301, 3*

Vogelgezwitscher
wie plätscherndes Wasser
Bergkirschen blühen
zur Mittagszeit   zwischen Kiefern
in Waldestiefe

Mai 1906 *I, 35, 9*

Angelehnt neige ich
mein Gesicht zum Baum hin
Da pocht an die Wange
kaum spürbar der Pulsschlag
des herbstlichen Waldes

Herbst 1906 *I, 23, 3*

Dort wo die Berge
sich drängen   im Lande Hyūga
wohnt an dem einen Berg
die Mutter   nach der ich mich sehne –
strahlender Herbsttag

November 1906   *I, 33, 1*

Mutter   voll Liebe
denk ich an dich   ein Abend
an dem mir die Berge
der Heimat vor Augen stehen
in voller Blütenpracht

Februar 1907   *I, 29, 3*

Vater! Mutter!
Wie ehrwürdige Göttergestalten
habt ihr gelebt
getragen von Erinnerungen
unter Bergkirschblüten

Februar 1907   *I, 29, 5*

Den Fluss hinunter
geht es zum Meer: blau wogende
Wellen – die Stadt
gefärbt von aufbrechenden
Knospen der Bergkirschbäume

Februar 1907 *I, 37, 5*

Zwei Wolken
streben aufeinander zu
trennen sich wieder
schwinden dahin in die blaue Weite
des Frühlingshimmels

Februar 1907 *I, 39, 2*

Sie stampfen die Erde
und bleiben doch ohne Laut
meine Strohsandalen
Kurz vor dem Aufblühn: wilde Kirschen
Bergesstille

Frühling 1907 *I, 44, 3*

Auch heute wieder
geh ich weiter   sehnsuchtsvoll
lasse mein Herz
das Pilgerglöcklein
klingen klingen

Juni 1907   *I, 45, 1*

Wenn viele Berge
Flüsse überschritten sind
kommt wohl ein Land
wo Einsamkeit ein Ende hat
Auch heute geht die Reise weiter

Juni 1907   *I, 45, 3*

Sehnsüchtige Liebe –
einfach nur dies   von Groll oder Zorn
nicht die leiseste Spur
jetzt in der Dämmerung   da ich mich
an die Brüstung der Herberge lehne

Juli 1907   *I, 46, 3*

Stell dir vor: Eine
mächtige alte Schirmpalme –
und auch den Mann
der im Palmwedelschatten
wie versteinert aufs Meer blickt

Juli 1907 *I, 46, 7*

Im Lande Hyūga
wo das Kap von Toi
sich vorschiebt
in die blaue Flut – dort an der Spitze
lausche ich allein dem Meer

Juli 1907 *I, 47, 2*

Kläglich tönt's
als kaum hörbare
Stimme
aus der angeschwemmten Kokosnuss –
bläst man in die hohle Schale

Juli 1907 *I, 47, 1*

Das Schiff legt an
Ein sternenübersäter Himmel
spannt sich übers Land
und mittendrin erhebt sich
wundersam der Berg

August 1907 I, 47, 6

Wenn es Abend wird
senken sich irgendwann
die Wolken herab
lagern sich zum Schlaf auf die Gipfel
dieses gebirgigen Landes

August 1907 I, 49, 3

Sieh nur wie unter
herbstlicher Sonne Gräser und Bäume
verstummen
wie sie sich bald mit dem Gelb
des Verblühns und Verwelkens färben

Herbst 1907 I, 33, 6

Kokawa-Tempel –
Höre wie Scharen von Pilgern
mit ihren Glöckchen
vorüberbimmeln
zwischen herbstlichen Bäumen

Herbst 1907 *I, 53, 5*

Stielblütengräser
Rote Pimpernelle Binsenhalme –
Herbstgräser
als Zeichen tiefer Einsamkeit
will ich dir schicken

Herbst 1907 (?) *I, 144, 3*

Ich irre umher
zwischen dem sonnengleißenden Meer
dem Himmel
und deiner Brust
wo mein Herz ruht

Neujahr 1908 *I, 16, 1*

Ah unsere Küsse –
Das Meer bewege sich nicht!
Die Sonne stehe still!
Und der Vogel sterbe dahin
im Fluge   hier und jetzt!

Neujahr 1908   *I, 16, 3*

Wir küssen –
vor uns ausgebreitet
endlos
die Weite des Meeres
Gott wo verweilst du …

Neujahr 1908   *I, 16, 4*

Sieh die Berge
die Berge im Glanz der Sonne
Sieh das Meer
das Meer im Glanz der Sonne
Und nun deine Lippen   Geliebte …

Neujahr 1908   *I, 16, 5*

Mitten am Tag –
tot liegt die blaue Meeresfläche da
Im Schatten der Felsen
wuseln winzige Muscheln
auf der Suche nach einer Gefährtin

Neujahr 1908 *I, 17, 8*

Die Berge schlafen
und am Fuß der Berge
ruht das Meer –
Ich ziehe durch ein Land
voll Frühlingssehnen

Frühlingsanfang 1908 *I, 165, 2*

Auch nur
rote Marken auf diesen Brief
zu kleben
bringt mein Herz in Aufruhr –
Abend voll Sehnsucht …

Februar 1908 *I, 179, 6*

Los! Brechen wir auf!
Noch nie gesehene Berge
lass uns wandernd schauen
Diese Einsamkeiten –
wirst du sie ertragen?

April 1908 *I, 72, 1*

Auf! Gehn wir!
Ohne zu wissen wohin –
Bleiben wir stehen
überkommt uns Trauer
Auf also! Du! Mach schnell!

April 1908 *I, 72, 5*

Pflücken und streuen …
Wir pflückten Feldblumen am Weg
und streuten sie aus
bis sie sich hinter uns
ins Weite zogen

25. April 1908 *I, 73, 8*

Mitten im Hain
eines alten Tempels
in einem Häuschen
wohnte ich – wartete
Abend für Abend auf dich

Sommer 1908 *I, 75, 1*

Zwischen Bäumen weiße Wolken
Mitten in der Regenzeit
hellt es auf
Im sonnigen Garten meine Gefährtin
die Blumen pflanzt

Sommer 1908 *I, 75, 5*

Meine Gefährtin
hüllte sich ganz in Weiß
als mit einem Mal
der heitere Sommer da war:
eine schlankere Gestalt

Sommer 1908 *I, 75, 7*

Nachts scheint es
als rage er hoch empor
bedecke den Himmel
Über Tag sieht er niedrig aus:
der rauchspeiende Berg

August 1908 *I, 78, 3*

Den Blick auf die Rauchsäule
des Feuerbergs weit drüben
gerichtet
blieb ich auch heute einsam
den ganzen Tag lang

Januar 1909 *I, 97, 1*

Mit Wehmut denke ich
zurück an meine Gedichte
Jedes einzelne
ein Fußabdruck den ich
auf dieser Erde hinterlasse

Januar 1909 *I, 98, 8*

Der Fuji-Gipfel
trat hervor jenseits des Meeres
In Frühlingstagen
standen wir in Awa
an der Küste

Februar 1909 *I, 114, 3*

Frühlingsdunst –
verschleierte Mondnacht –
Wir auch
wandelten dahin gleich Schatten
abgefallener Blätter

Februar 1909 *I, 114, 4*

Hellweißer
Frühlingsmittag – fern ein Schiff
das diesen Hafen meidet
es gleitet hin   entschwindet
hinter dem Vorgebirge …

Januar 1910 *I, 254, 7*

II

Auf dem Weg (1911)
Tod oder Kunst (1912)

Shiratama no
ha ni shimitōru
aki no yo no
sake wa shizuka ni
nomubekarikere

Herbst 1910 *II, 29, 6 · vgl. S. 29*

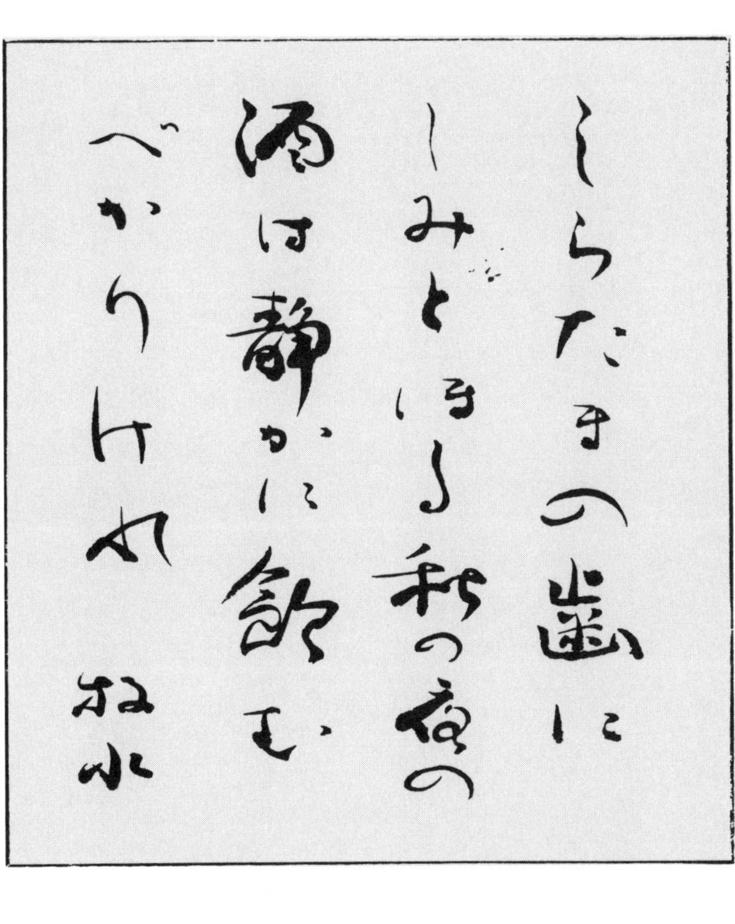
しらたまの歯に
しみとほる秋の夜の
酒は静かに飲む
べかりけり
牧水

In Meerestiefen
wohnen Fische ohne Augen
so heißt es –
Fisch ohne Augen
wie gern wär ich das!

Januar 1910 *II, 12, 1*

Ein Leben
ohne Licht das gibt es –
In einer solchen
Welt sein Dasein fristen …
Welche Einsamkeit

Januar 1910 *II, 13, 1*

Schwapp schwapp schwapp
Sake planscht im vollen Fass
armes Herz
allein
schwankt im selben Takt

Januar 1910 *II, 13, 3*

Meine Heimat
war ein Berg tief hinter Bergen
Dort klammerte ich mich
an die Brust
meiner blutjungen Mutter

Frühling 1910 *II, 17, 8*

Die Gedanken schweifen
in jenes hellgrüne Tal
zwischen den Bergen
zu jener Morgeneinsamkeit
als ich zur Welt kam …

Frühling 1910 *II, 18, 1*

Vom Kräuterpflücken
haftet noch der Geruch
an den Fingerspitzen
Unversehens beim Waschen
erhebt sich der Mond übers Feld

Frühling 1910 *II, 21, 9*

Wo Berg an Berg steht
zwängt sich ein Wasserlauf
durch die Enge
Von Einsamkeit umgeben
dieses Fließen

Juni 1910 *II, 23, 5*

An meiner Seite
sprechen die Herbstgrasblüten:
Alles
was vorbei   verloren ist
weckt Sehnsucht

Herbst 1910 *II, 29, 5*

Durch perlenweiße
Zähne dringt der Reiswein
abends im Herbst
du sollst ihn mit Bedacht
in aller Ruhe trinken

Herbst 1910 *II, 29, 6*

Beim Sake-Duft
entschwebt mein Geist
geradewegs
in einen Dunst
zartblauer Trauer

Herbst 1910 *II, 33, 7*

Vom Herbstwind
strahlend blauer Himmel –
Mit Vergnügen
weile ich am weißen Ufersaum
des Flusses Chikuma

Oktober 1910 *II, 30, 3*

Ich kehre heim
und klopfe an der hinteren Pforte
die Lärchennadeln
von den Ärmeln –
Abenddämmerung

Herbst 1910 *II, 31, 6*

Nimm Abschied!   Weiter
weiter musst du eilen
Wanderer
Das Herbstgras an den Hängen
ist verdorrt …

Herbst 1910 *II, 34, 1*

Von aller Welt vergessen
schattenhaft   allein
ist da ein Mensch
der weiter weiter treibt
auf seiner Reise

Herbst 1910 *II, 35, 8*

Als ich am Feuerberg
auf den stählernen Stamm
der alten Fichte schlug
da überschüttete mich
ein Geriesel von Nadeln

Herbst 1910 *II, 34, 5*

Am heißen Quell
im Schatten des Rauchs
vom Feuerberg
schlief er für eine Nacht
dann zog er seines Weges – der Wanderer

Herbst 1910 *II, 37, 8*

[Anarchisten-Prozess, Urteilsvollstreckung am 24.1.1911]

Zum Tod verurteilt
las – so höre ich – ein Angeklagter
von der Partei der Anarchisten
am Tag der Hinrichtung
in meiner Tanka-Sammlung «Abschied»

Januar 1911 *II, 47, 4*

Ein seichtes Rinnsal
ein verblasstes Indigo –
so zog
der Tama-Fluss vorüber
Trüb ist dieser Februar!

Februar 1911 *Fujioka S. 160*

Schöpfte Wasser
mit Händen   warf wild
mit Steinen
spielte allein mit dem Fluss –
kehrte weinend zurück

Februar 1911   *II, 49, 3*

Wenn am Tama-Fluss
im Ufersand der Löwenzahn
hervorsprießt
wird es Zeit dass auch für mich
eine neue Liebe blüht

Februar 1911   *II, 48, 3*

Ich liege
im dürren Gras   mein Hund
kommt näher
möchte spielen   guckt mir ins Gesicht
guckt mir in die Augen

Februar 1911   *II, 53, 4*

Deine Haare
sind Wörter   wenn sie
meine Finger streifen
Auch du allein   mein Hund –
Trübseliger Abend!

Februar 1911 *II, 54, 1*

Über fünf Jahre
waren wir in Gesprächen
miteinander verbunden –
Wie viele Tage davon
waren mit Freude erfüllt?

März 1911 *II, 54, 8*

Rückhaltlos
mit Schmerzen hab ich
meine jungen Tage
für diese unbedingte
Liebe eingesetzt

März 1911 *II, 54, 4*

Weder konnten wir
in einem Haus zusammenwohnen
– sei's auch nur für einen Tag –
noch konnte ich vergessen
So verkümmerte mein Herz

März 1911 *II, 54, 9*

Weit oben
am Fluss am Mimitsu-gawa
in meiner Heimat
wartet nun wohl die kranke Mutter
sehnlichst auf mich

März 1911 *II, 58, 8*

Hinein ins Dickicht
der Kiefernnadeln scheint rot
die Abendsonne
Drin wie ein Kiefernzapfen
sitzt eine Meise und singt

Sommer 1911 *II, 63, 5*

Im Kiefernwald
legte ich mich zur Ruhe
Da flatterte
zwitscherte es über mir …
eine Schwalbe flog tanzend vorüber

Sommer 1911 *II, 64, 2*

Des Kiefernharzes
frischer bläulicher Geruch
wandelt sich zu Blut
das in meinem Körper kreist
Nachmittag im tiefen Wald

Sommer 1911 *II, 64, 4*

Kreidebleich
die Stirne kalt
und schweißgebadet
geh ich durch die Stadt
in dieser Sommermondnacht

September 1911 *III, 12, 1*

Niedergeschlagen komm ich
zurück aus dem Freudenviertel
blicke niemanden an
schiebe das Blattwerk zur Seite
verziehe mich in den Morgenwald

September 1911 III, 14, 3

Hebe den Blick!
Grüble nicht weiter nach!
Der Herbst ist da
Wohlan aus eigener Kraft
mache dich selber neu!

Herbst 1911 III, 16, 4

Wellen Wellen Wellen
Wellen auf hoher See
Wellen am Strand
He wartet wartet! Auch ich
will hinunter vom Berg

Oktober 1911 III, 25, 6

Kleine Imbissbude
an der Hafenmole
Ich schaue mir
die Schiffe an   beiße in einen
Apfel   da rieselt der Ruß …

November 1911   *III, 27, 3*

Schnee fällt!
Die Augen – vom Leben zugedrückt –
öffnen sich
um einen winzigen Spalt
sie schmerzen …   der Schnee fällt!

Ende 1911   *III, 29, 4*

Weh mir!   Mitten im
weiten Wald   lass ich die Augen
fernhin wandern
um sie wieder zu schließen
und nicht mehr zu öffnen

Ende 1911   *III, 30, 4*

Geh nicht raus aus dem Wald!
Geh nicht raus aus dem Wald!
Behalte dein
totengleiches Gesicht!
Geh nicht raus aus dem Wald!

Ende 1911 *III, 30, 9*

Maulwurf komm raus!
Nicht verdeckt unterm Boden
kannst du die nebelumflorte
Wintersonne schauen!
Komm heraus Maulwurf!

Ende 1911 *III, 31, 5*

Frage mich nicht!
Hab jetzt gerade selbst
keine Ahnung!
Weiß nur dies eine:
Mächtig zieht's mich zum Berg hin

März 1912 *III, 31, 2*

Im Bergwald vor Lärchen
Großblatt-Magnolien stehend
tief im Schnee …
Wie nur sprech ich sie an?
mit welchen Worten?

März 1912 *III, 32, 8*

Ein Kap bedeckt von jungem Laub
An der langgezogenen Küste
fegt der Regen hin
taucht sie in glänzendes Nass
Bebend schwankend mein Schiff

Juni 1912 *III, 42, 8*

Wie ein Blatt
von den Wellen geschaukelt
der alte Kahn
Drauf steh ich völlig durchnässt
eine Trauergestalt

Juni 1912 *III, 42, 7*

Das Maß bedenkend
fing ich zu trinken an:
ein Becher Sake …
dann ein zweiter …
Sommerabenddämmerung

Juni 1912 *III, 53, 6*

Jetzt jetzt gerade!
Noch in den Knospen stehend
doch schon verdorrt –
meine jungen Tage
möcht ich ins Meer versenken

Juni 1912 *III, 47, 6*

Auf taghellem Meer
die schaukelnde Scheibe des Monds
möcht ich zertrümmern
und als dunkelblaue Flosse
in die Tiefe sinken

Juni 1912 *III, 47, 9*

III

Am Oberlauf des Flusses (1913)
Lied des Herbstwinds (1914)
Sanddüne (1915) · Morgenlied (1916)
Sammlung Weiße Pflaumenblüten (1917)

Waga niwa no
take no hayashi no
asakeredo
furu ame mireba
haru wa kinikeri

März 1916 *v, 131, 3 · vgl. S. 62*

わが庭の竹の林の淺けれど
降る雨みれば春は来にけり
牧水

[Krankheit des Vaters, Aufenthalt in der Heimat, Spannungen mit der Familie]

Wie lieb und teuer
ist mir in der alten Heimat
der «Glockenberg» Osuzu –
auch im Herbst
von Nebelschleiern überzogen

Herbst 1912 *IV, 13, 1*

Sie gleicht einer eben
angezündeten Kerze
die aufgehende Sonne –
Unterwegs bin ich
auf meinen geliebten Bergen

Herbst 1912 *IV, 13, 5*

Mit umschlungenen Knien
hocke ich auf dem Grasberg
schau in die feuerrote
Abendsonnenkugel
dieses Herbstes

Herbst 1912 *IV, 14, 3*

Im ganzen Haus
der Geruch von Herbstseidenraupen
die meine Mutter züchtet
Dort hab ich in eine Ecke
den Schreibtisch hingestellt

Herbst 1912 *IV, 15, 4*

Von irgendwoher
hallt die Stimme des Vaters
durch dieses alte
weiträumige Haus –
es ist Abend im Herbst

Herbst 1912 *IV, 15, 6*

Die Wanduhr im Obergeschoß
und die Wanduhr unten
stimmen nicht überein
Der Vater schickt sich an
die Zeiger zu richten …

Herbst 1912 *IV, 16, 7*

Was soll ich tun
dass es mir Freude bringt …
Wer sich
in seinem Herkunftsort vergräbt
gleicht einer faulenden Birne

Herbst 1912 *IV, 17, 7*

Sie grollt mir
überhäuft mich mit Schmähungen
schweigt dann verbissen
Mutter – in ihrem Mund
kein einziger Zahn mehr

Herbst 1912 *IV, 21, 4*

Was für ein
unbeugsamer Sinn meiner Mutter!
Was ich ihr wünsche:
Lange Krankheit
möge sie verschonen

Herbst 1912 *IV, 21, 5*

Trink nicht!
Schilt und schilt mich die Mutter
während sie nachschenkt –
Farbe des Reisweins
im düsteren Zimmer   abends

Herbst 1912   *IV, 22, 1*

In einer Ecke des Speichers
blitzt unvermittelt
die große Sichel auf
als wollte sie sagen:
folg deinem Willen   beuge dich nicht!

Herbst 1912   *IV, 29, 1*

[Nach dem Tod des Vaters]

Auf die enge düstere Pforte
unserer Küche trifft die Abendsonne
wie auf eine Untiefe
Mit verkniffenem Mund
drinnen die Mutter am Werk

November 1912   *IV, 41, 3*

Die Liebe des Vaters
wie ein schwarzer Vorhang
die Liebe der Mutter
einem Nagel ähnlich – ein Haus
dem Niedergang geweiht

Ende 1912 *IV, 80, 2*

Auch ich fälle Bäume
Buschland erstreckt sich weithin
am Fuß der Berge
Kalt ist das Frühjahrslicht –
Auch ich fälle Bäume

Neujahr 1913 *IV, 62, 1*

Nach dem Holzfällen
sind die jungen Frauen des Dorfes
müde – und reden
über die Wunder
des Beischlafs

Neujahr 1913 *IV, 63, 3*

Warmer Wintermorgen
Über den Mimi-Fluss hinunter
geht die Fahrt
in einem langen schmalen Kahn
aus dünnen Brettern

Anfang 1913 *V, 99, 4*

Meer werde dunkel!
Aus düsterem schwarzblauem
Horizont
brecht Wolken hervor
überzieht das Meer!

März 1913 *IV, 61, 1*

Inbrünstig les ich
die Lieder des Hitomaro
bis mir der Schweiß
ausbricht: die Frühlingssonne
rinnt mir über den Rücken

Frühling 1913 *IV, 66, 8*

Gedankenverloren
den Kopf in ein Tuch gewickelt
als wisse sie von nichts
beugt sich die Mutter ins März-Feld
pflückt Petersilienkräuter

März 1913 *v, 97, 6*

Unaufhörlich
schreit unser Neugeborenes
Erde wie Himmel
verhüllt in weiße Wolken
von schimmernd nebligem Licht

Sommer 1913 *v, 13, 1*

Meine Frau unten
ich im oberen Stock – öffnen
von Zeit zu Zeit
je ein winziges Fenster
in den wolkenverhangenen Tag

Sommer 1913 *v, 13, 6*

Wenn ich den einen
Arm ausstrecke   berühre ich
das Dach des Nachbarn
durchs Fenster im ersten Stock
unter trüben Wolkenschichten

Sommer 1913 *V, 13, 7*

Vor meinem Fenster
Gewirr elektrischer Drähte
in alle Richtungen –
ein zerrissenes Spinnennetz
auch heute unter Wolkendecken

Sommer 1913 *V, 18, 3*

Auf der Straße
steh ich in der Sommerhitze
Staub
wirbelt auf
mit einem Geruch wie Brot

Sommer 1913 *V, 19, 4*

Furcht beschleicht
mein Herz wenn es sich
voll Überdruss
vom Glanz der blühenden
Herbstdahlien abwendet

Herbst 1913 *V, 27, 2*

Indigoblaue
Windböen hausen im Geäst
der Bäume
vertiefen den Herbst
in der Umgebung der Stadt

Herbst 1913 *V, 29, 1*

Als wollte ich
Armut sammeln nehme ich
hie und da
den Spiegel zur Hand
erforsche mein Gesicht

Herbst 1913 *V, 31, 6*

Dumpfer Böllerschuss
als Mittagszeichen – heute
Spätherbstschauer
Aus dem Kamin des Krankenhauses
steigt dichter schwarzer Rauch

Herbst 1913 *V, 33, 2*

Zuweilen kommt es mir vor
als wären die Dächer der Stadt
wie auch die Leute
die sich träge fortbewegen
nur gelbe abgefallene Blätter

Herbst 1913 *V, 52, 6*

Frühjahrswolken
überziehen den Himmel
Im Glanz der Sonne
seh ich ein Flugzeug
vorüberpreschen

April 1914 *V, 93, 5*

Vermischt
mit dem Dröhnen der Propeller
hört man
das Weinen unseres Kindes –
Frühlingsmittag

April 1914 *V, 93, 6*

Unmerklich
schwanken die Wipfel
in frischem Grün
das Flugzeug entschwindet
in Wolkenbergen

April 1914 *V, 93, 7*

Meine Augen
folgten dem Flugzeug
bis zuallerletzt
Nun stehe ich auf – befangen
in Einsamkeit

April 1914 *V, 94, 1*

[Auf der Miura-Halbinsel]

Jenseits des Meeres
ist der gezackte «Sägeberg»
in Wolken gehüllt
hier aber am «langen Strand»
unaufhörlich Wellenberge

März 1915 *V, 73, 1*

Mittag am Strand
In Gedanken verloren
döse ich vor mich hin
Gewaltiges Rauschen!
Schäumende weiße Wellen steigen

April 1915 *V, 75, 3*

Tagsüber wäscht sie
die Haare am Brunnen – keine Blüten
am Kamelienstrauch
Doch dahinter im Ofen
rot loderndes Feuer

April 1915 *V, 74, 3*

Mittags
liegt der Garten in vollem Licht
Allein vergnügt
und splitternackt rennt dort mein Junge
hinter den Hühnern her

April 1915 *V, 74, 5*

Morgennebel
steigen breiten sich aus
Allein
durchwandere ich
das dunkelgrüne Tal

Juli 1915 *V, 64, 2*

Mein Herz grünt wenn ich
durch Bergwälder gehe
im Abendschein –
endloses Zirpen der Zikaden
aus den Wipfeln

Juli 1915 *V, 64, 5*

Wie hin und wieder
von einem mächtigen alten Baum
herunterfallende Tropfen –
so möge der Reiswein sickern
in aller Ruhe   auch morgens …

19. Juli 1915 *V, 71, 6*

Morgen für Morgen
Mittag für Mittag haben wir
zusammen gezecht
sodass nun wahrlich
der Abschied schwerfällt!

19. Juli 1915 *V, 71, 5*

Kleine Krabben
Höhlengräber im weißen Sand
wuseln umher
auch Regenpfeifer rennen über
den Strand   der Herbstwind pfeift

Herbst 1915 *V, 107, 1*

Zeit zum Ankleiden!
Nackt lass ich morgens mein Kind
auf der Schlafmatte stehen
streichle und überhäufe es
mit lobenden Worten

Herbst 1915 *V, 115, 3*

In einer Ecke meines Gartens
steht in vollem Glanz
ein Mandarinenbaum
Morgen für Morgen geh ich hinaus
und pflücke die Früchte

Winter 1915 *V, 116, 5*

Frau und Kinder
überlasse ich dem Schlaf –
Spätnachts   ganz allein
koche ich mir den reinen weißen
Sake   ungefiltert

Winter 1915 *V, 121, 6*

Pflück du Petersilie!
Ich kümmere mich
um Frühlingslauch –
Kreuz und quer durchsuchen wir
die kahlen Felder

Februar 1916 *V, 126, 2*

Als die Kamelien-
blüten fielen   kamen wir an
Bis heute   da erneut
Kamelien blühen   wohnen wir
hier nahe an den Wellen

Frühling 1916 *V, 119, 3*

Der Bambushain
in meinem Garten – spärlich
dünn gewachsen
Doch wenn ich den Regen dort betrachte
weiß ich: Jetzt ist Frühlingszeit!

März 1916 *V, 131, 3*

Auf dürrem Gras
im Schatten der grünen Eiche
hier   meine Liebe
breiten wir die Matten aus
zum Mittagsmahl

Frühling 1916 *V, 130, 1*

Um mit Mühe
ein paar Groschen zu verdienen
unterdrücke ich
meinen brennenden Herzenswunsch
einmal den Schnee im Norden zu sehen

Frühling 1916 *V, 135, 4*

Irgendwann werde ich kommen
irgendwann werd ich es sehen
dachte ich sehnsuchtsvoll –
und nun liegt Aomori vor mir
begraben im Schnee!

Frühling 1916 *V, 141, 3*

Aus lauter Angst
vor Frau und Kindern
bin ich außerstande
meine Augen auf die eigene
Erbärmlichkeit zu richten

Sommer 1916 *VI, 15, 2*

Mich selbst betrachte ich
mit Hohn und Spott
Doch vor meinen Augen
sind die Kinder selbstvergessen
in ihr Spiel vertieft

Sommer 1916 *VI, 15, 4*

Merkwürdig   jetzt gerade
dieser Tag   da ich mit Zuneigung
an meine Frau
an meine Kinder denke:
Zaunwinden voll erblüht

Sommer 1916 *VI, 15, 6*

Hoch aus dem dicht-
gewachsenen Sommergras
aufragend
schwanken sie im Wind:
Berglilienblüten

Sommer 1916 *VI, 16, 3*

Am mächtigen
Wurzelwerk des Kaki-Baums
sprießen
Steinbrech Schachtelhalm –
Vorbei die Regenzeit!

Sommer 1916 *VI, 17, 2*

Ein lieber Freund –
er lebt einsam im Lande
Shinano –
hat mir die Gabe zugeschickt:
Buchweizenmehl

Winter 1916 *VI, 35, 4*

Buchweizengrütze
ist nicht bitter, aber auch nicht
süß
Einfach nur köstlich
dieser Wohlgeschmack!

Winter 1916 *VI, 35, 5*

Ein Schälchen … dacht ich
es gelang mir nicht zu stoppen
Auch dieser Tag
verging vom Morgen an
in Trunkenheit

Frühling 1917 *VI, 45, 1*

Fragt mich einer:
Mundet das denn wirklich
derart über alles gut?
Ja was soll ich dazu sagen –
… dieser Sakewohlgeschmack …

Frühling 1917 *VI, 45, 2*

Wir scheuten tagsüber
die vielen Augen – spät kam ich
mit meiner Gefährtin
zur Kirschblütenschau
in verschleierter Mondnacht

Frühling 1917 *VI, 43, 1*

Mitgerissen
von der freudigen Erwartung
meiner Frau
sah ich heute in der Dunkelheit
die Kirschen blühen

Frühling 1917 *VI, 43, 2*

Fast alle waren schon
heimgekehrt Wir erreichten
spät in der Nacht
das Teehaus unter den Kirschen
tranken uns zu aus Reisweinschalen

Frühling 1917 *VI, 43, 3*

IV

Einsame Bäume (1918)
Sammlung Tiefes Flusstal (1918)
Schwarze Erde (1921)

Kikiitsutsu
tanoshiku mo aru ka
matsukaze no
ima wa yume to mo
utsutsu to mo kikoyu

Mai 1918 *VIII, 18, 6 · vgl. S. 85*

聞きゐつゝたのしくしあるか松風の
いまは夢としうつゝとしきこゆ

如水

Von ganzem Herzen
etwas neu beginnen
heißt
für einen kurzen Augenblick
in reinster Freude leben

Sommer 1917 *VI, 88, 3*

Die Welt ringsum
ein Spiegel voller
Helligkeit –
Zartgrünes Sommerlaub
regt sich jetzt   beginnt zu winken

Sommer 1917 *VI, 88, 1*

Man hört Geräusche –
ein Rascheln, ein Fließen …
Ich schau aus dem Fenster
nach oben – das grüne Blattwerk
rauscht wie ein Wasserfall

Sommer 1917 *VI, 85, 1*

Zart sprießende
junge Blätter des Zelkova-Baums
wie im Fluss –
kleine sich kräuselnde Wellen
schwappen wohl gar ans Fenster

Sommer 1917 *VI, 85, 2*

Als ich todmüde
nach Hause kam umringten mich
Frau und Kinder
als sähen sie ein seltsam
ausgefallenes Wesen

Sommer 1917 *VI, 89, 2*

Während der Osten
sich weißlich aufhellt
verblasst hinter Schatten
kümmerlich der Mond
einer kurzen Sommernacht

Sommer 1917 *VI, 102, 4*

Noch vor vier fünf
in der Frühe wenn im Osten
zarter Morgen-
dunst sich niedersenkt –
für mich eine Zeit der Freude!

Sommer 1917 *VI, 89, 4*

Am Rain des Weizenfeldes
sieh nur: Vier fünf junge
Pfirsichbäumchen
schön in einer Reihe
mit Früchten behangen!

Sommer 1917 *VI, 92, 2*

[Auf einer Eisenbahnfahrt]

In welche Richtung
fließt das Wasser? Weithin
sieht man es glänzen
weiß im engen Talgrund
zwischen den Bergen

4. August 1917 *VI, 109, 3*

Außen weiße   in der Tiefe
violette schön geformte Blüten
des Hibiskusstrauches –
denk ich dran:
Herbsttage voller Wehmut

Herbst 1917 *VI, 116, 2*

Wie aus der Tiefe
eines stehenden Gewässers
Fische auftauchen –
so zeigten sich mir eines Tages
unterwegs Hibiskusblüten

Herbst 1917 *VI, 116, 3*

[Alkoholverbot wegen Krankheit]

Auf dem Tablett
in Reih und Glied: der Reis
die kleinen Brassen
Matsutake-Pilze – samt und sonders
lächerliche Dinge wenn der Sake fehlt!

Herbst 1917 *VI, 117, 7*

Hoho … nur mit müdem
Lächeln setz ich mich hin
Kein Reiswein!
Über dem Esstischchen
Tränentropfen …

Herbst 1917 *VI, 118, 1*

[Dankgedichte auf eine von Freund Fukuchi stammende Sendung von Bachforellen]

In den schäumend
herunterstürzenden Strudel
geworfen – ein Netz
Drin tanzt zusammen mit welken
Blättern die Bachforelle

Herbst 1917 *VI, 119, 5*

Wenn es dir recht ist
möcht ich noch lieber in deinem
alten Haus
am offenen Feuer gemeinsam
die Fische braten und essen

Herbst 1917 *VI, 119, 8*

Haltet euren Herrn
für einen Zechkumpan
ihr Kräuter:
Pfefferschoten Wasserpfeffer
angepflanzt in einer Gartenecke

Herbst 1917 *VI, 126, 6*

[In den Bergen von Chichibu]

Noch stellen die Morgen-
berge sich vor die Sonne
Das Tal ist erfüllt
vom Rauschen des Wasserlaufs
steigende Nebel breiten sich aus

November 1917 *VI, 132, 1*

Tief berührt mich
die Geschmeidigkeit des Wassers
wenn ich sehe
wie es über die Steine sprudelt
im herbstlichen Talgrund

November 1917 *VI, 133, 4*

Die Flößer
hinterließen eine Feuerstelle
Vom leicht
mit Reif bedeckten Ufersaum
steigt violett der Rauch empor

November 1917 *VI, 132, 3*

Einmann-Flöße
Zweimann-Flöße
verschiedenster Art
gleiten über Stromschnellen
die im Herbstlicht glitzern

November 1917 *VI, 134, 4*

Jenes Floß dort schau:
Das scheinen Vater und Sohn zu sein
Alte und junge Stimme
klingen zusammen auf langer Fahrt
hinab über die wilde Strömung

November 1917 *VI, 140, 7*

Fürs Abendbrot
wird Trockenlachs gegrillt:
Streng riechendes
Zedernreisig – kaltes Nachtquartier
unten im Talgrund

November 1917 *VI, 137, 5*

Selbst das heiße Wasser
schmeckte beim Trinken nach Rauch
vom offenen Feuer –
Berghütte im Winter
Abendessenszeit

November 1917 *VI, 137, 7*

Dürres Laub
in der Sonne am Wegrand
Ich schieb es zusammen
lasse mich nieder   möchte rasten –
aber das Herz kommt nicht zur Ruhe

November 1917 *VI, 142, 1*

Bergtauben
in pfeilschnellem Flug
Der Eichelhäher
flattert schwerfällig vorüber
Glanz über dem herbstlichen Tal

November 1917 *VI, 142, 4*

[Am Strand von Kazusa (Präfektur Chiba)]

Lang liege ich wach
und lausche bis sich schließlich
in der Frühe
menschliche Stimmen
ins Tosen der Wellen mischen

Ende November 1917 *VI, 145, 1*

Noch steht der Mond
nicht voll in seinem Glanz
doch wenn er
in der Flut sich spiegelt – siehe
wie sich Gold ins Meer ergießt

Ende November 1917 *VI, 148, 3*

[Frühlingsanfang, Reise nach Toi an der Westküste der Halbinsel Izu]

Von weit her gekommen
legen wir uns zur Ruhe
in dieser Herberge
Stille! Tief in der Nacht
das Murmeln des Flusses …

Neujahr 1918 *VI, 151, 1*

Zur Seite sich neigend
zwischen den hohen Wellen
schnellt unser Schiff dahin
Durchs Fenster zeigt sich der Fuji
wolkenlos heiter

2. Januar 1918 *VI, 152, 2*

Aufgeschreckt durch unser Schiff
flattert ein Wildentenschwarm
in die Lüfte empor
hält sich tanzend wirbelnd
über stürmischen Wogen

2. Januar 1918 *VI, 151, 4*

Grüne schlanke
zueinander sich neigende
Bambusrohre –
tief verborgen im Dickicht
des Buschsängers Lied

Februar 1918 *VI, 152, 3*

In den Wäldern
wo man das Brennholz schlägt
sprießen die Knospen:
rötlich schimmernde Berge
im Sonnenglanz

Februar 1918 *VI, 153, 5*

Schüchtern
war das Mädchen mit den
roten Wangen
als wir uns kreuzten am Reisigberg
unter Kamelienblüten

Februar 1918 *VI, 154, 4*

Ganz zur Ruhe gekommen
halte ich lange Ausschau –
Winterbäume
auf fernen besonnten Bergen
scheinen heftig zu schwanken im Wind

Februar 1918 VI, 154, 1

Versteckt im Schatten
der Klippen lausche ich:
Lautes Lachen
einer vergnügten Mädchenschar
Kinder der Taucherinnen

Februar 1918 VI, 159, 7

Wenn es jetzt draußen
heller wird dann will ich
wandern gehen!
Wach liege ich da ich warte
auf den Frühlingsmorgen

März 1918 VIII, 15, 2

Die Eule ruft und ruft
ich lausche … Regen
fällt nicht mehr –
heute muss die Mondnacht
voller Klarheit sein!

23. April 1918 *VIII, 17, 1*

Beim Hinhören
frag ich mich: bringt er denn Freude
dieser Kiefernwind?
Jetzt tönt er einmal nach Traum
einmal nach Wirklichkeit

Mai 1918 *VIII, 18, 6*

Wie ich aufschaue
zur hundert Fuß hohen
Riesenzeder
prasseln Regentropfen herab
vom dunklen Wipfel

Mai 1918 *VIII, 21, 9*

Alter Tempel
auf dem Hiei-Berg – ich schlafe
dem Wasser lauschend
das durch Bambusrohre fließt
verborgen im Garten zwischen Bäumen

Mai 1918 *VIII, 22, 1*

Vergnügt
leite ich durch Bambusrohre
das Wasser ein
fache das Feuer an
bereite eigenhändig das Bad

Mai 1918 *VIII, 22, 2*

Am östlichen Himmel
morgenrote Wolken
gespiegelt im Tau
der Hirseblattspitzen
draußen im Garten

Sommer 1918 *VIII, 29, 2*

[Krankheit der beiden Kinder]

Der Tag vergeht
mit der Pflege der kranken Kinder
Nachts
bleib ich auf und gehe schläfrig
meinen Geschäften nach

August 1918 *VIII, 27, 4*

Gegen Morgen
brummt mir der Kopf – benebelt
scheint es
bin ich vom Rauch der pausenlos
abgebrannten Mückenspiralen

August 1918 *VIII, 27, 6*

Der sechsjährige Bruder
das vierjährige Schwesterchen
liegen auf ihren Matten
Ich höre worüber sie sprechen:
Was sein wird wenn sie gesund sind …

September 1918 *VIII, 28, 4*

Das Wetter ganz
wie's in der Zeitung stand:
vom Sprühregen
gestern Abend ein feuchter Glanz
über den Buschkleeblüten

Herbst 1918 *VIII, 30, 5*

Wo ich jetzt wandere
durch die Senke zwischen Bergen
ein einziger Weg
Selbst unter der Wintersonne
ein gefrorener Weg …

November 1918 *VIII, 48, 4*

An einer Baumwurzel
hocke ich hingekauert –
Die Vögel
sehen mich wohl als Stein
Unbekümmertes Zwitschern

November 1918 *VIII, 49, 4*

Mit seinem Astwerk
gleich den Maschen eines Netzes
zieht sich der Wald
in seiner Kahlheit hin
an der Flanke des Berges

November 1918 VIII, 50, 1

[Im Thermalbad Tanigawa]

Tagsüber waschen
die jungen Frauen des Dorfs hier Grünzeug
Abends
steigen sie selbst ins Wasser
der heißen Quelle am Talrand

November 1918 VIII, 54, 4

Durch den Wasserdampf
der sich am Vordach allmählich auflöst
glänzt der Mond –
in der Ferne deutlich
schneebedeckte Höhen

November 1918 VIII, 55, 4

Ist das eins von den Häusern –
sich duckend unter dem Schnee –
wo Holzsäger wohnen?
Sägespäne verstreut   blühende
Winter-Chrysanthemen

November 1918   *VIII, 56, 6*

Schnee rutscht fort und fort
von der Riesenzeder
wuchtig herab
An den Wurzeln der Bambus
legt sich zu Boden zerzaust

Anfang 1919   *VIII, 71, 2*

Wenn mein Herz
sich aufheitert   entstehen Gedichte?
Oder ist's umgekehrt:
Je länger ich dichte
desto heiterer des Herz?

Frühling 1919   *VIII, 80, 2*

Dies sind die Blumen
die meine Gefährtin liebt:
Im Herbst der Enzian
im Lenz die wilden blühenden
Kamelienbüsche

Frühling 1919 *VIII, 83, 1*

Es dunkelt nun
nach einem glühenden Sommertag
Der Hitzestaub
legt sich aufs Gras des Gartens
Nachtkerzen stehen voll erblüht

Sommer 1919 *VIII, 92, 2*

Kurze Sommernacht
Schon ist es   ohne dass ich's merkte
spät geworden   hier
durch dieses eine offene Fenster
weht die Brise mir entgegen

Sommer 1919 *VIII, 92, 3*

In den Lärchenwald
mischen sich auch hie und da
hochschießende Birken
Jung sind sie und glänzen in
unvergleichlich reinem Weiß

November 1919 *VIII, 98, 7*

Auf dem Weg durch Außen-
quartiere des Städtchens Chichibu
tönen fort und fort
aus alten Häuserzeilen
die Lieder der Weber

Februar 1920 *VIII, 117, 2*

Auf ruhigem Wege
wandle ich hin   verschränke
die Hände hinter dem Rücken –
Das war so fällt mir ein
Gewohnheit meines Vaters …

Mai 1920 *VIII, 120, 8*

[Nach dem Umzug nach Numazu, Präfektur Shizuoka]

Auf der Anhöhe
des Kanuki-Hügels stand ich
spielte lange
mit meinem Jungen – bis plötzlich
der strahlende Fuji hervortrat

Herbst 1920 *VIII, 123, 3*

[Bedürftigkeit]

So viele Schubladen!
Im ganzen Hause
alles durchwühlt
und zusammengekratzt – doch
nirgends auch nur ein Groschen!

Herbst 1920 *VIII, 136, 2*

Wolkenverhangener Tag
lastet schwer überm Haupt
Auch heute tret ich
wie gewohnt ins Freie
wandere durch den Kiefernhain

Herbst 1920 *VIII, 138, 5*

V

Bergkirschen-Lieder (1923)
Schwarzkiefer (1938)

Sono no hana
tsugitsugi ni aki ni
sakiutsuru
konogoro no hi no
shizukekarikeri

Herbst 1921 *x, 38, 1 · vgl. S. 100*

園の花つぎつぎに
枯て咲きうつる
このごろの日の
静けかりけり　舒水

Garstige Regenschauer
am Himmel in der Düsternis
enthüllt sich
der Fuji im Schneegewand –
leuchtende Helle

Anfang 1921 x, 14, 6

Auf reifüberzogenen
Feldern vor meinem Fenster
ein Luftgeflimmer
Deutlich zu hören heute
der Webstuhl des Nachbarn

Frühling 1921 x, 13, 2

Unvergesslich
wie ich als Kind die Frühlingsfelder
meiner Heimat schaute
Mit gleichen Augen betrachte ich nun
lodernde Feuer über den Äckern

Frühling 1921 x, 12, 2

Am Wasserzufluss drängt sich
ein schwärzlich schwimmender
Schwarm
von Karauschen – Wasser wie Fische
glitzernd gleißend im Licht

Sommer 1921 — *X, 34, 6*

Feuerwerk Raketen
über der Stadt – bei Mishima
jenseits der Felder –
zerstieben verschwinden
am Himmel der Mondnacht

August 1921 — *X, 37, 7*

Blumen im Garten –
nach und nach wechselt das Blühen
vom Sommer zum Herbst
Still sind die Tage
in letzter Zeit

Herbst 1921 — *X, 38, 1*

Auf weiten Feldern
am Abhang des Fuji-Gipfels
pflück ich das Heilkraut
«Japanischer Sumpfstern»
bis meine Finger schmerzen

Herbst 1921 X, 39, 5

[Im Hochtal von Kamikōchi und auf dem Gipfel des Vulkans Yake-dake]

In kindischer Weise
fallen mir Tränen zu Boden
dass mir auf Erden
ein solcher Anblick
vergönnt ist

Oktober 1921 X, 42, 4

Nach dem Aufstieg
blick ich von hier nach Osten
dorthin
wo Du wohnst Gefährtin –
Dort seh ich die Spitze des Fuji

Oktober 1921 X, 43, 4

Vor Augen die Stämme
alter Bäume in Reihen
hintereinander
ich starre sie an   bezaubert
das Herz in Wallung

Oktober 1921 X, 44, 5

Beidhändig stoß ich
den Stock vor mir zu Boden
bleibe stehen   ruhe
Mein Herz brennt
für den tiefen Wald

Oktober 1921 X, 44, 4

Mit zunehmendem
Alter – jedes Jahr wieder –
wünsche ich mir:
Beruhige dich mein Herz
sollst stille werden!

Ende 1921 X, 55, 4

Nun da meine
leichtfertige Jugend allmählich
ans Ende kommt
warte ich freudig
auf Herzenstiefe …

Ende 1921 *x, 55, 6*

Drüben am Berg
im schräg aufsteigenden Rauch
des Kohlenmeilers
verfängt sich der Schein
der Wintersonne

Januar 1922 *x, 59, 3*

Blassrot
sprießen bereits die Blätter
Nun wollen
sich auch die Knospen öffnen:
Bergkirschblüten

April 1922 *x, 62, 5*

Schön ist der Frühling:
Farbige Schuppen von Forelle
und Hasel
die über die Kiesel huschen
unter Bergkirschblüten

April 1922 *x, 63, 3*

[Beim einsamen Trinken in später Nacht]

An den oberen Rand
des Eisenkessels wie an ein Kissen
gelehnt   neigt sich
das Sakekrüglein schläfrig zur Seite
Na gut … leg ich mich auch zur Ruh

April 1922 *x, 68, 7*

Sie drängen heran
sie lockern sich lösen sich auf
die Juni-Wolken
unaufhörlich in Bewegung
an den Flanken des Fuji

Juni 1922 *x, 75, 5*

Innig verbunden
schwangen zwei Lerchen
sich zwitschernd empor
weiter und weiter zwitschernd
hinein in die Tiefen des Himmels

Juni 1922 — *x, 75, 4*

Aus der Schule
Stimmen von lesenden Kindern
wecken Erinnerungen
rühren mich tief auf dem Weg
durchs Bergdorf

November 1922 — *x, 88, 4*

Unabsichtlich
schaue ich hin: Ein Schwarm von
Meeresvögeln
tanzt mit geordneten Schwingen
hinaus auf die offene See

August 1923 — *xiii, 13, 6*

[Nachbeben nach dem großen Erdbeben im Kantō-Gebiet vom 1. September 1923]

Morgens wie abends
wechseln wir Blicke – aufgewühlt
voller Sorgen
möchte ich Frau und Kinder schützen
vor diesen ständigen Beben

September 1923 *XIII, 14, 7*

Gleich wie der junge Bambus
sich reckt und streckt
ihr Kinder
wachst empor aufrecht
an Körper und Seele!

Herbst 1923 *XIII, 16, 5*

Auf dem öden Land
zieht man neuen Wald heran:
die jungen Lärchen
reihenweise angepflanzt
stehen kahl und winterdürr

Winter 1923 *XIII, 21, 2*

Das Sonnenlicht
das in den Nadelschatten
dicht gewachsener
Kiefern dringt   ist erfüllt
von einem winterlichen Violett

Winter 1924 XIII, *46, 4*

Muss an Mutter denken
die das Grab der Sippe
in der Heimat hütet
und nicht weggehn will –
hab sie im Traum gesehen

Sommer 1925 XIII, *66, 1*

[Küste in Westjapan, auf der Reise in die alte Heimat]

Auf den schattigen
schwarzen Klippen der «Rabeninsel»
tummeln sich
Regenpfeifer – ich rudere hin
ich sehe sie deutlich

3. November 1925 XIII, *70, 2*

Kein Mensch wohnt
auf dieser kleinen Insel
vollkommene Ruhe –
und die Stern-Goldkolben
jetzt in voller Blüte ...

3. November 1925 XIII, 70, 3

Alte Kiefer
Windesrauschen haust
in ihrer Krone
und doch – wenn ich sie betrachte –
tönt es von weit her

Anfang 1926 XIII, 75, 3

Das tiefe Schwarz
des Stamms die Nadelfärbung
der Schwarzen Kiefer
ist mir lieb – ich schaue sie morgens
schaue sie abends

Sommer 1926 XIII, 83, 5

Neujahrsmorgen dämmert
– Stille –
Zu hören nur hinter dem Haus
die Wellen der weiße Gischt
an der Küste

Neujahr 1927 XIII, 104, 4

Auf schmalen Brettern
draußen stehend warte ich voll Andacht
auf die Sonne
heute am ersten Tag des Jahrs
meinem dreiundvierzigsten …

Neujahr 1927 XIII, 105, 2

Vom Zimmer ins Freie
trete ich: aus den Hakone-Bergen
genau im Osten
erhebt sich das Liebkind:
Sonne des neuen Jahrs

Neujahr 1927 XIII, 105, 1

Durch Baumkronen fällt
ein Lichtstrahl mir auf den Ärmel
während ich im Wald
über schmale Pfade gehe
heut am ersten Tag im Jahr

Neujahr 1927 XIII, 106, 4

[Erinnerungen an die Kindheit]

Der eine oben
der andere unten am Fluss …
Wir riefen uns zu
von Zeit zu Zeit – so fischte ich einst
zusammen mit meinem Vater

Anfang 1927 XIII, 107, 6

Fischen bis es
dunkel war – endlich zu Hause
schalt mich die Mutter
Der Scheltenden
gab ich die Bachforellen

Anfang 1927 XIII, 109, 9

Dämmerung vor Tag
Schwer legt sich Feuchtigkeit
auf alle Dinge
und die knospenden Bäume
stehen in tiefer Stille

Frühling 1927 XIII, 117, 2

[Auf der Reise in Korea]

Trockener Strand
bei Ebbe das Rauschen der Wellen
weit entfernt –
Kraniche tanzen und spielen
würdevoll unbekümmert

Mai 1927 XIII, 120, 3

[Auf der Rückreise, letzter Besuch in der Heimat]

In Shiroyama
fing die altvertraute Glocke
zu läuten an
so wie ich sie als Kind
vernommen hatte

Juli 1927 XIII, 145, 7

Himmel und Erde
das Herz der Welt liegt
entblößt vor Augen:
in seinem vollen Glanz
der hohe Fuji-Gipfel

Winter 1927 XIII, 129, 1

Ich lasse mich nieder
bewundere des Laubes
Farbenspiel
rund um die Knie – und nun
ein Sonnenstrahl!

Ende 1927 XIII, 127, 7

Auf einen Haufen
zusammengewirbelter Blätter
lege ich
das Bentō-Kästchen – eine Augenweide
all die Leckerbissen

Ende 1927 XIII, 128, 3

Die gläserne
Reisweinflasche steht im Laub
Die Sakefarbe
glänzt dichter dunkler
als die Blätter ringsumher

Ende 1927 *XIII, 128, 4*

Das Glas in meiner Hand –
der Reiswein schimmert
vom Zwielicht
das durch kahle Zweige bricht
Ein winterliches Flimmerlicht

Ende 1927 *XIII, 128, 5*

Ich hebe den Blick
und schaue Da schwenkt –
wohl weil ich da bin –
die alte Kiefer endlos
ihren Wipfel

Ende 1927 *XIII, 129, 6*

Beim Füttern
fliehn die alten Karauschen
aber die jungen
schwärmen herbei und drängeln
unter meinen Händen

Frühling 1928 XIII, 131, 1

Ich lausche
durchs Schiebefenster – dort
aus den Bäumen
tönt es unwirklich: die Stimme
der Gartenammer

Frühling 1928 XIII, 131, 8

Jeden lauten Schritt
vermeidend stehle ich mich
in die Küche
wo meine Sakeflasche steht –
sie wartet …

Mai 1928 XIII, 134, 2

Sie lehnen sich
über den Teich hinaus
Azaleenblüten
auf dem Wasserspiegel
tiefes Purpurrot

Sommer 1928 *XIII, 131, 7*

Grünes Bambusgras
gab ich im Teich dem Schwarm
der Karauschen
sagte: tummelt euch hier
legt euren Rogen ab

Sommer 1928 *XIII, 136, 8*

Abgestreifte
Blätter vom Bambusschössling
hebe ich auf
nehme sie mit – eine Schönheit
die mir ans Herz rührt

Sommer 1928 *XIII, 137, 3*

Weizen vor der Ernte:
Tiefgründige Farbe
des Reifens
setzt sich durch   erfasst auch
Blätter und Halme

Sommer 1928 — XIII, 134, 5

Ein Plätschern Rauschen …
Wasser der Kaskade
spritzt über Felsen
einziges Geräusch
zu hören in der Mittagsstille

1928 — XIII, 147, 6

ZU DIESER AUSGABE

Wakayama Bokusui hat im Ganzen fünfzehn Tanka-Bände zusammengestellt, von denen der letzte postum erschienen ist. Die vorliegende Auswahl will einen Überblick über das dichterische Gesamtwerk vermitteln. Sie teilt zu diesem Zweck das Werk in fünf Gruppen zu je zwei bis fünf Sammlungen ein und definiert damit zugleich fünf Lebensabschnitte. Aus jeder Gruppe werden zwischen vierzig und sechzig Gedichte berücksichtigt. Ganz vereinzelt sind auch Stücke aufgenommen, die nicht in die maßgebenden Sammlungen Eingang gefunden haben. Die Entstehungszeit jedes einzelnen Gedichts ist an Ort und Stelle mit Jahreszahl und, wenn möglich, auch mit Jahreszeit, Monat oder gar genauem Datum angegeben. Es scheint mir wichtig, dass der Leser die Gedichte auf diese Weise einordnen und direkt einen jahreszeitlichen sowie in einem rudimentären Sinn biografischen Bezug herstellen kann. Vor einigen Gedichten oder Gedichtgruppen stehen kurze Vorbemerkungen, die der Autor selbst gesetzt hat, um eine Lokalität, eine Situation oder Motivation zu verdeutlichen.

Zur Darstellung und Zeichensetzung: Tanka werden original in der Regel in einer Zeile ohne Satzzeichen geschrieben. Im Deutschen wurde die übliche Darstellung in fünf Versen gewählt. Die Übersetzung verzichtet konsequent auf Punkte und Kommas.

Hingegen konnte bei emphatischen Hervorhebungen und Fragen, die im Japanischen meist durch Partikel wiedergegeben werden, nicht auf Ausrufe- bzw. Fragezeichen verzichtet werden. Auch Doppelpunkte drängten sich gelegentlich als Verknüpfungsindikatoren auf. Punkt oder Komma werden gelegentlich durch eine Lücke innerhalb einer Verszeile ersetzt; sie markiert ein Innehalten, eine Trennung von Aussageeinheiten, eine Denkpause. Eine ähnliche Aufgabe erfüllt der Gedankenstrich. Großschreibungen innerhalb der Gedichte markieren den Beginn einer neuen Satzeinheit.

Um Fachleuten und Japanischlesern den Rückgriff auf das Original zu ermöglichen, wurde bei jedem Gedicht ein Verweis auf die heute maßgebende Gesamtausgabe (GA) angebracht. Beispiel: I, 35, 9 bedeutet: Band I, Seite 35, neuntes Tanka auf dieser Seite.

I

DAS FRÜHWERK 1904–1910

Nach einer glücklichen Kindheit in den tiefen Wäldern, an den Berghängen, den Wasserläufen und Schluchten seiner Heimat, die ihn für sein ganzes Leben prägen sollte, kam Wakayama Bokusui schon als Gymnasiast in Nobeoka (Stadt an der Ostküste von Kyūshū) in Berührung mit der Tanka-Dichtung. Seine ersten Versuche wurden 1901 in einer Schülerzeitschrift abgedruckt. Ein Wanderdichter aus der engeren Verwandtschaft machte ihn mit den neuesten Tendenzen bekannt. 1903 ermunterte ihn ein junger Englischlehrer, übungshalber zwei Tanka von Yosano Akiko ins Englische zu übersetzen. Und als er 1904 mit achtzehn Jahren an die Waseda-Universität nach Tōkyō wechselte, traf er auf gleichgesinnte Mitstudenten, mit denen er alsbald intensive dichterische Aktivitäten entwickelte und die bald ebenso berühmte Dichter werden sollten. Die rasche Entwicklung und Reifung zum bedeutenden Tanka-Poeten vollzog sich von 1907 an, noch während des Studiums. Aus dieser Zeit sind ausgedehnte Wanderungen durch die Landschaften und Wälder der Musashi-Ebene (nordwestlich von Tōkyō) bezeugt.

Schon kurz nach seinem Universitätsabschluss veröffentlichte er auf eigene Kosten seine erste Sammlung *Stimme des Meeres* (*Umi no koe* 1908/GA Bd. I). Die zweite Sammlung *Allein kann ich singen* (*Hitori utaeru* 1909/GA Bd. I) erschien in einer Auflage von nur zweihundert Stück. Erst die dritte Sammlung *Abschied* (*Betsuri* 1910/GA Bd. I) brachte den Durchbruch. Sie erschien in einem bekannten Verlag. In ihr sind die beiden vorangehenden Sammlungen zusammengefasst und um weitere Stücke ergänzt zu einer Gesamtzahl von tausendvier Tanka. Sie umfasst also das gesamte Frühwerk.

Die Hauptmotive sind Erinnerungen an die Heimat, an die Eltern, es sind Zeugnisse einer intimen Naturbeziehung, besonders zu Bäumen und Wäldern, zum Meer oder zu feuerspeienden Bergen.[1] Die beiden Gedichte vom August 1908 und Januar 1909 etwa beziehen sich auf zwei aktive Vulkane: den hundertfünfzig Kilometer nordwestlich von Tōkyō gelegenen Berg Asama und die weit draußen vor der Bucht von Tōkyō gelegene Vulkaninsel Ōshima mit dem rauchenden Gipfel Miharayama.

In dieser ersten Zeit finden sich einige Verse, die mit ihrem sehnsuchtsvollen, elegisch fließenden Ton den Autor berühmt gemacht haben und die bis heute zu den bekanntesten und meistzitierten gehören: Hervorgehoben seien etwa das hier bewusst an den Anfang gestellte Gedicht von den «weißen Schwänen» oder die beiden Tanka vom Juni 1907, die auf dem Weg in die Heimat, auf einer wochenlangen Wanderung durch Westjapan, entstanden sind.

Das alles überlagernde Thema dieser Sammlungen ist jedoch die Liebesbeziehung zu der ein Jahr älteren Sonoda Saeko. Sie war verheiratet, hatte sich aber wegen Krankheit und langen Sanatoriumsaufenthalten von ihrer Familie entfremdet und war entschlossen, ein unabhängiges Leben in Tōkyō zu führen. Bokusui traf sie zufällig 1906 auf der Reise nach Kyūshū, als er in

1 Über Bokusuis Prägungen in seiner Kindheit, über seine Beziehungen zu Bäumen und Wäldern siehe:
Klopfenstein, Eduard. ‹Wakayama Bokusui und die Welt der Bäume – Zum Wandel der Naturanschauungen um 1900.› In: *Aufbruch zur Welt hin – Studien und Essays zur modernen japanischen Literatur*. Berlin, 2013. S. 476–487.

Kōbe Zwischenhalt machte. Ein Jahr danach, im Juni 1907, übersiedelte sie nach Tōkyō und nahm Kontakt mit Bokusui auf. Kurz darauf trat er die erwähnte Reise in die Heimat an. In den Versen vom Juni bis in den Herbst 1907 finden sich Anklänge an seine Verliebtheit. Den Jahreswechsel 1907/1908 verbrachte das Paar dann an der Küste von Nemoto, am südwestlichen Ausläufer der Halbinsel Bōsō (alter Name: Provinz Awa, heute Präfektur Chiba), von wo aus die besagte Vulkaninsel Ōshima und jenseits des Meers die Silhouette des Bergs Fuji zu sehen waren. Der leidenschaftliche Höhepunkt dieser Liebe findet direkten Ausdruck in den Gedichten vom Neujahr bis in den Sommer 1908. Bokusui sucht verzweifelt nach Stabilität und Dauer, er möchte heiraten. Saeko aber ist gesetzlich gesehen noch immer die Frau eines anderen. So vergeht die Zeit und die Beziehung flacht allmählich ab. Den Jahresanfang 1909 verbringt er an derselben Meeresküste wie ein Jahr zuvor, diesmal allein.

Wenigstens zu einem Tanka sei ein kleiner Kommentar angefügt, der die deutschsprachige Leserschaft interessieren dürfte. Das in Japan berühmte Gedicht vom Juni 1907 «Wenn viele Berge / Flüsse überschritten sind / kommt wohl ein Land / wo Einsamkeit ein Ende hat / Auch heute geht die Reise weiter» entstand unter dem Eindruck von Versen des bei uns völlig vergessenen deutschen Dichters Karl Busse (1872–1918). Seine Verse haben in der genialen Übersetzung von Ueda Bin (in der Gedichtanthologie *Kaichōon* von 1906) damals geradezu den Status eines Volkslieds erhalten. Es ist sicher, dass Bokusui diese japanische Fassung gekannt hat. Im Original lautet das Gedicht von Busse:

Über den Bergen, weit zu wandern,
Sagen die Leute, wohnt das Glück.
Ach, und ich ging im Schwarme der andern,
Kam mit verweinten Augen zurück.
Über den Bergen, weit, weit drüben,
Sagen die Leute, wohnt das Glück …

II

DUNKLE JAHRE DES ÜBERGANGS 1910–1912

Die Sammlungen *Auf dem Weg* (*Rojō* 1911/GA Bd. II) und *Tod oder Kunst* (*Shi ka geijutsu ka* 1912/GA Bd. III) umfassen die Tanka-Produktion von Anfang 1910 bis Mitte 1912. Sie geben der Enttäuschung, der Trauer und den depressiven Zuständen Bokusuis Ausdruck, zeugen von seiner unsteten Suche nach Auswegen, nach Trost in der Natur, nach neuen Beziehungen und vor allem nach einer Selbstvergewisserung im eigenen Dichtertum. Sowohl seinem Gemütszustand wie einer damaligen allgemeinen Tendenz entsprechend rückt Bokusui hier mehr und mehr von der klassischen 31-Moren-Form ab und schreibt Tanka in freieren Versen.

Er verbringt sein Leben in andauernder Bedürftigkeit.

Ein Versuch, als Zeitungsjournalist ein Auskommen zu finden, befriedigt ihn nicht. Obwohl sein Ansehen als Dichter steigt, enden seine Unternehmungen mit Zeitschriften jeweils nach kurzer Zeit. Die Neigung zum Alkohol macht sich immer öfter in seinen Reiswein-Gedichten bemerkbar. Ständige Wohnortwechsel innerhalb von Tōkyō und Umgebung zeugen von seiner Unruhe. Lange Reisen und Wanderungen gehören ohnehin zu seinem Lebensstil. Die neun Gedichte vom Herbst 1910 etwa entstanden auf einer zweieinhalb Monate dauernden Wanderreise, die ihn wieder in die Gegend des Vulkans Asama (Präfektur Nagano) führte. Das endgültige Aus in der Beziehung zu Saeko erfolgte im Frühling 1911 und wirkte in vielen Gedichten bis ins nächste Jahr hinein nach, ja sogar bis über den Zeitpunkt seiner Heirat 1912 hinaus.

1911 hatte Bokusui im Haus seines etwas älteren Freundes und Mentors Ōta Mizuho zufällig Ōta Kishiko kennengelernt, die aus demselben Dorf stammte wie Ōta Mizuho, ohne direkt mit diesem verwandt zu sein, und die selbst auch literarische Ambitionen hegte. Ein Jahr später suchte Bokusui die inzwischen in ihr Heimatdorf Zurückgekehrte auf und hielt ohne Wissen ihrer Eltern um ihre Hand an. Kurz danach zog sie heimlich, aber doch mit dem Einverständnis von Ōta Mizuho, zu Bokusui nach Tōkyō. Sie heirateten am 5. Mai 1912 ohne Zeremoniell und ohne Einwilligung der Eltern.

Obwohl an Bokusuis Ernsthaftigkeit kein Zweifel bestand, war es doch von ihm aus gesehen wohl keine wirklich leidenschaftliche Liebesheirat. Aus den erhaltenen Zeugnissen entsteht der Eindruck, dass in ihm der Drang, sein Leben endlich in geordnete Bahnen zu lenken und sich mit ganzer Kraft seinem Dichtertum zu widmen, übermäßig stark war. In Kishiko sah er eine Partnerin, die ihn verstehen und unterstützen konnte. Und wichtig war ihm, dass sie beide diese Entscheidung ganz aus freiem Willen, unabhängig von den üblichen sozialen Zwängen, trafen. Dass Ōta Mizuho, der im Hintergrund als Bezugsperson wirkte, dies guthieß, zeugt von der neuen Einstellung, die sich damals in Literatenkreisen durchzusetzen begann.

III

STABILITÄT UND SELBSTIRONIE 1913–1917

Mit der Heirat begann für Bokusui eine Phase der allmählichen Stabilisierung und des ungehinderten kreativen Schaffens, beziehungsweise der zunehmenden Aktivitäten als anerkannter Tanka-Meister. Zunächst musste allerdings noch ein letztes «Jugendproblem» geklärt werden, nämlich sein Status als zukünftiger Erbe und Hausvorstand in seinem Herkunftsort. Sollte er zurückkehren und sich dort etablieren, wie das die Eltern und die ganze Verwandtschaft dringend erwarteten? Diese Frage verlangte nach einer akuten Entscheidung, als nur zwei Monate nach der Heirat der

Vater schwer erkrankte und schließlich im November starb. Bokusui ließ seine schwangere Frau in Tōkyō (sie kehrte danach einstweilen in ihr Elternhaus zurück), eilte in die Heimat und blieb dort volle neun Monate. Die zwischen September 1912 und März 1913 entstandenen Tanka finden sich in der Sammlung *Am Oberlauf des Flusses* (Minakami 1913/GA Bd. IV) und vermitteln ein eindrückliches Bild von seiner Anhänglichkeit an die Orte seiner Kindheit und von seinen inneren Kämpfen. Da er sich längst für eine kärgliche Existenz als Tanka-Dichter entschieden hatte, kam ein Verbleiben im abgelegenen Dorf «oben am Fluss» letztlich nicht in Frage.

Im April 1913 brachte Kishiko in ihrem Elternhaus den ersten Sohn zur Welt. Aber erst Ende Juni bezog die Familie ein neues Heim, zunächst in engen Verhältnissen in einem eher tristen Außenbezirk Tōkyōs (Tanka vom Sommer 1913). Von nun an lässt sich Bokusuis Leben als Ehemann, Vater und Dichter in seinen Sammlungen *Lied des Herbstwinds* (*Akikaze no uta* 1914/GA Bd. V), *Sanddüne* (*Sakyū* 1915/GA Bd. V), *Morgenlied* (*Asa no uta* 1916/GA Bd. V) und *Sammlung Weiße Pflaumenblüte* (*Hakubaishū* 1917/GA Bd. VI) nachvollziehen.

Infolge von Krankheit und langer Rekonvaleszenz Kishikos zog die Familie im März 1915 ans Meer, an die Küste der Miura-Halbinsel westlich von Tōkyō, und blieb dort bis Ende 1916. Diese Zeit spiegelt sich in den Sammlungen *Sanddüne* und *Morgenlied* wider. Im Frühling 1916 unternahm Bokusui eine längere Reise in den Nordosten des Landes (u. a. Aomori).

Seine Verse sind in diesen Jahren oft von bitterer Selbstironie durchzogen, bringen ein Ungenügen an sich selbst und an den kümmerlichen Lebensverhältnissen zum Ausdruck. Doch seine Familie gab ihm Halt und die Beziehung zu Kishiko festigte sich. Immer häufiger begegnet man Versen, die von seiner «*tsuma*» handeln – einem Ausdruck von besonderer Emphase, der je nach Zusammenhang einmal als «Frau», das andere Mal als «meine Liebe» oder als «meine Gefährtin» wiedergegeben ist. Die *Sammlung Weiße Pflaumenblüte* ist sogar als Gemeinschaftswerk angelegt: Sie enthält im ersten Teil zweihundertzweiundzwanzig Tanka von Bokusui und im zweiten Teil zweihundertsiebenundvierzig Tanka von Kishiko.

IV

GEREIFTE SENSIBILITÄT 1918–1920

Bokusui steht nun in der Mitte seiner Dreißigerjahre. Zwar lassen sich weder in Bezug auf seine Lebensverhältnisse noch auf seine Gestaltungsweise große Änderungen feststellen. Wenn man aber seine nachfolgenden Sammlungen *Einsame Bäume* (*Sabishiki jumoku* 1918/GA Bd. VI), *Sammlung Tiefes Flusstal* (*Keikokushū* 1918/GA Bd. VI) und *Schwarze Erde* (*Kurotsuchi* 1921/GA Bd.

VIII) durchsieht, entsteht der Eindruck einer deutlichen Gelassenheit gegenüber den täglichen Widrigkeiten und einer noch gesteigerten Empfänglichkeit für die Erscheinungen der Natur und Umwelt. *Einsame Bäume* fasst zweihundert Tanka aus dem Zeitraum Sommer bis Herbst 1917 zusammen, *Tiefes Flusstal* enthält dreihundertvier Tanka vom Herbst 1917 bis zum Frühling 1918. In *Schwarze Erde* sind es tausend Tanka aus fast drei Jahren, vom März 1918 bis zum Dezember 1920.

Mag sein, dass die Aufbruchstimmung mit dem Umzug nach dem damals noch außerhalb von Tōkyō gelegenen Sugamo im Mai 1917 zusammenhängt. Jedenfalls fallen die besonders sensiblen Naturbeobachtungen im Sommer 1917 ins Auge. Eine Reise in den Nordosten im August, eine Wanderung im Berggebiet von Chichibu im November, ein anschließender Aufenthalt am Meer sowie im folgenden Jahr Reisen an die Westküste der Halbinsel Izu, später auf den Tempelberg Hiei bei Kyōto, nach Nara und um die Halbinsel Kii herum spornen die Kreativität an. Eine Zusammenstellung zeigt, dass er in diesen Jahren jeweils etwa fünfzig bis hundert Tage unterwegs war, auf Fahrten wie auf Wanderungen in abgelegenen Gebieten.

Die wichtigste Veränderung trat jedoch 1920 ein. Bokusui spürte das Bedürfnis, aus dem geschäftigen Tōkyō in eine gemächlichere und naturnähere Gegend umzuziehen. Ein Freund vermittelte ihm ein leerstehendes Haus in Numazu (Präfektur Shizuoka) nicht weit von der Meeresküste, in Sichtweite des von ihm so sehr geliebten Fuji-Berges. Dieser einschneidende Wechsel hinterließ seine Spuren bereits in der Sammlung *Schwarze Erde*.

V

DIE LETZTEN JAHRE 1921–1928

Die Tanka der Jahre 1921 und 1922 sind in der vierzehnten Sammlung *Bergkirschen-Lieder* (*Yamazakura no uta* 1923/GA Bd. X) zusammengefasst. Es ist die letzte von Bokusui selbst herausgegebene Sammlung. Wieder liegt eine reiche Ernte von siebenhunderteinundvierzig Gedichten vor, die sich thematisch in den bisherigen Bahnen bewegen, aber doch noch mehr Ruhe ausströmen. Bokusui fühlte sich an seinem neuen Wohnort zu Hause. Von hier aus unternahm er immer weitere Wanderungen, im Herbst 1921 zum Beispiel in das Hochtal von Kamikōchi in den japanischen Nordalpen. Die bisher unbekannte hochalpine Bergwelt hinterließ tiefe Eindrücke und inspirierte ihn zu herausragenden Versen. Eine ebenso aufwendige Exkursion folgte ein Jahr später, als er in der Präfektur Gumma einem Fluss folgte und über die Berge zum berühmten Tempel von Nikkō und weiter wanderte. Neben zahlreichen Gedichten verfasste er danach einen viel beachteten Reise-Essay *Minakami kikō*. Von diesen Tanka steht in unserer Auswahl nur ein einziges Beispiel vom November 1922.

Durch Einkünfte aus seiner zunehmenden Juroren- und Publikationstätigkeit für Zeitschriften und Zeitungsbeilagen im ganzen Land gelang es ihm in diesen Jahren, aus seinen chronischen finanziellen Nöten herauszufinden und ein Grundstück an der kiefernbestandenen Küste von Numazu zu erwerben. Daselbst bezog er 1925 ein eigenes Haus. Ein Traum ging für ihn in Erfüllung. Hier engagierte er sich 1926 auch in einer lokalen Bewegung gegen Pläne, den größten Teil des Kiefernwaldes abzuholzen – als Umweltaktivist avant la lettre.

Gleichzeitig verwirklichte er den lange gehegten Plan, eine neuartige allgemeine Poesie-Zeitschrift herauszugeben. Sie sollte alle lyrischen Genres umfassen, von moderner, westlich geprägter Dichtung über Tanka, Haiku, Volks- und Kinderlieder bis zu Essays und poetischer Prosa – ein Medium also, wie es in Japan mit seinen ausgesprochen partikularistischen Tendenzen bisher nicht existierte. Dieses kühne Projekt vermochte viele führende Literaten zur Mitarbeit zu animieren. Es weist uns auf einen visionären Zug in Bokusuis Charakter hin. Die erste Nummer von *Shiika jidai (Epoche der Poesie)* erschien im Mai 1926 und erregte beträchtliches Aufsehen. Doch die finanzielle Grundlage, um ein solches Projekt über längere Zeit durchzuziehen, war nicht gegeben. Bokusui hatte sich mit dem Hausbau und Zeitschriftenprojekt übernommen und verschuldet. *Shiika jidai* musste nach sechs Nummern eingestellt werden. Um die Schulden abzuzahlen, griff

Bokusui auf ein Vorgehen zurück, das er schon seit einiger Zeit praktiziert hatte: Er veranstaltete landesweit sogenannte «Schreib-Reisen», auf denen er gegen Bezahlung seine Tanka auf vorgegebenen Papierformaten kalligrafierte. Zum Beispiel absolvierte er im Herbst 1926, begleitet von seiner Frau, während zweieinhalb Monaten eine organisatorisch aufwendige Tour durch Nordost-Japan und Hokkaidō. 1927 führte ihn derselbe Zweck sogar nach Korea, von wo er mit bereits angeschlagener Gesundheit zurückkehrte.

All diese Aktivitäten bewirkten einen Rückgang seiner kreativen dichterischen Produktion. Es erstaunt folglich nicht, dass er, der bisher im Durchschnitt jährlich eine Tanka-Sammlung veröffentlicht hatte, am Ende nicht mehr dazu kam, die Produktion seiner letzten fünfeinhalb Lebensjahre (1923 bis Sommer 1928) selbst zusammenzufassen, obwohl der Titel, den das Buch erhalten sollte, *Schwarzkiefer (Kuromatsu)*, feststand. Sein Gesundheitszustand besserte sich nicht mehr. Zwar setzte er seine Exkursionen fort, so gut es ging. Doch am 17. September 1928 verschied er unerwartet plötzlich im Alter von dreiundvierzig Jahren (nach japanischer Zählung im Alter von vierundvierzig Jahren). Es war ein vorzeitiger Tod, der wohl hauptsächlich dem jahrzehntelangen übermäßigen Alkoholkonsum zuzuschreiben war.

Wakayama Bokusuis Werk bricht mit seinem plötzlichen Tod unvermittelt ab, ohne Abrundung oder besonderen Höhepunkt. Entsprechend hat er auch kein

«Abschiedsgedicht von dieser Welt» *(jisei)* hinterlassen wie viele Dichter klassischer Formen vor ihm. *Schwarzkiefer* kam erst nach seinem Tod heraus, zunächst als Teil einer Werkausgabe von 1929 bis 1930, dann als Einzelband 1938 (GA, Bd. XIII). In der Vielfalt der rund tausend Tanka fallen wiederum solche auf, die Erinnerungen aufgreifen, die Wanderungen und Reisen dokumentieren, die den Berg Fuji und das Neujahr begrüßen. Besonders aber hatte es ihm der langgezogene Kiefernhain an der Küste von Numazu angetan. Hier fand er unerschöpfliche Anregungen und seine erste wirkliche Bleibe, die zugleich seine letzte sein sollte. Viele eindrückliche Tanka und der Titel der postumen Sammlung zeugen davon.

Wakayama Bokusui 1922 im Kiefernhain von Numazu

WAKAYAMA BOKUSUI UND DIE ENTDECKUNG DES MODERNEN «ICH»

> Wir wollen in gegenseitigem Austausch Gedichte des Ichs hervorbringen. Unsere Gedichte sind nicht Nachahmungen der alten Dichter. Es sind *unsere* Gedichte. Noch deutlicher: Es sind Gedichte, die jeder einzelne aus sich heraus erfunden hat.
>
> *Yosano Tekkan*

In Japan setzte nach der Neuordnung der Meiji-Restauration (1868) eine in ihrer Dynamik einzigartige Modernisierungsbewegung ein. Sie konzentrierte sich zunächst auf den wirtschaftlich-technischen sowie den politisch-gesellschaftlichen Bereich, erfasste aber von den 1880er-Jahren an mehr und mehr auch das kulturelle und literarische Leben. In kurzen Abständen lösten sich unter europäischem Einfluss realistische, romantisierende, naturalistische Strömungen ab. Trotz aller Unterschiede hatte man dabei *ein* zentrales Anliegen: Man wollte sich aus den Zwängen der feudalistischen Gesellschaftsordnung befreien und dem Einzelnen, dem Individuum, dem sogenannten «Modernen Ich» *(kindaiteki jiga)* seinen gebührenden Platz erkämpfen. Dieses ungemein komplexe, langwierige Vorhaben sollte von nun an als Grundströmung die gesamte japanische Literatur des 20. Jahrhunderts durchziehen.

Es mag erstaunen, dass gerade auch die älteste traditionelle Gedichtform, das Waka oder, wie es jetzt mit Vorliebe genannt wurde, das Tanka – das «Kurze Lied» oder «Kurzgedicht» –, von diesem Strudel erfasst wurde und einen entscheidenden Beitrag zur Erneuerung leistete.

Waka bedeutet: Japanisches Lied oder Gedicht im Unterschied zu chinesischer Poesie. Die Form leitet sich her aus den Anfängen japanischer Überlieferung. Sie besteht aus 31 Moren (kurzen Sprechtakten, was nicht mit Silben gleichgesetzt werden sollte), gegliedert in Verseinheiten von 5–7–5–7–7 Moren. Vom 9. Jahrhundert an entwickelte sie sich zur dominierenden Gedichtform der höfischen Lyrik. Es entstanden maßgebende kaiserliche Anthologien und eine kaum überblickbare Zahl von Sammlungen durch alle Epochen der japanischen Geschichte hindurch. In späteren Zeiten, besonders im 18./19. Jahrhundert, verhärtete sich das Waka in seiner überkommenen Ästhetik und wurde mehr und mehr nur noch in aristokratischen und elitären Zirkeln gepflegt. Aber als Inbegriff klassischer Formgebung blieb es gegenwärtig. Daraus ergab sich das kaum je angezweifelte Bedürfnis, es im Zuge der allgemeinen Modernisierungsbewegung aus den alten Zwängen zu befreien und zu erneuern.[2]

Es sind vor allem drei Dichter und eine Dichterin, die

2 Allgemein zur Waka- oder Tanka-Dichtung: *Gäbe es keine Kirschblüten ... Tanka aus 1300 Jahren*. Japanisch/Deutsch. Ausgewählt, übersetzt und herausgegeben von Yukitsuna Sasaki, Eduard Klopfenstein und Masami Ono-Feller. Stuttgart, 2009.

im Verlauf der 1890er-Jahre diesen Umbruch anstießen: Masaoka Shiki (1867–1902), der Vertreter einer abbildend-realistischen Tendenz, Sasaki Nobutsuna (1872–1963), der den Wahlspruch «Weit, tief, ein jeder nach seiner Art» *(hiroku fukaku ono ga jishi ni)* prägte, Yosano Tekkan (1873–1935), ein Vertreter des Romantizismus, sowie im Besonderen auch seine Frau Yosano Akiko (1878–1942), die mit ihrer leidenschaftlichen Liebeslyrik in Tanka-Form alle bisherigen gesellschaftlichen und dichterischen Normen durchbrach.

Der gut zehn Jahre jüngere Wakayama Bokusui (1885–1928), der aus einem abgelegenen Tal an der Ostseite der fernen Insel Kyūshū stammte, gehörte nur bedingt dieser Gründergeneration an. Für ihn war es bereits selbstverständlich, in seiner Dichtung von ganz persönlichen Erfahrungen in seiner unmittelbaren Umgebung auszugehen. Deshalb wird er von den Literaturhistorikern als Naturalist eingestuft. In der Tat erreichte die naturalistische Prosa in Japan zwischen 1905 und 1910 ihren Höhepunkt, also genau in den Jahren, da Bokusui – üblicherweise werden Autoren im Tanka-Waka-Umkreis nur mit Vornamen benannt – sich als junger Tanka-Dichter profilierte. Zudem war Bokusui ein eifriger Leser des Frühnaturalisten Kunikida Doppo; er schrieb zeitweise kurze Erzählungen in Kunikida Doppos Stil und sah sich vorübergehend sogar als Prosaist.

Nun steht in Japan der Naturalismus, der sich doch weitgehend auf Prosa beschränkt, zwar unter europäischem Einfluss, nimmt aber aufgrund der anders gelagerten sozialen Verhältnisse eine abweichende Wendung. Im Zuge der Entdeckung des «Modernen Ichs» sieht sich der Autor selbst als Zentrum seiner Literatur und reduziert im Namen der Wahrhaftigkeit die Darstellung auf seine unmittelbare, ungeschminkte Erfahrungs- und Gefühlswelt. Während der europäische Naturalismus nach Objektivität und weitgehender Rücknahme beziehungsweise Ausschaltung des Autors strebt, fokussiert der japanische Naturalist den Blick auf sich selbst. Daraus entwickelt sich die sogenannte «Ich-Erzählung» *(watakushi shōsetsu)*, eine Bekenntnis-Prosa, bei welcher die Leser davon ausgehen, dass der Erzähler eins zu eins mit dem Autor gleichzusetzen ist. Das führt zu einer merkwürdigen Egozentrik von meist eher mittelmäßigem Interesse und literarischer Qualität. Man muss jedoch zugeben, dass dies ein verständliches, ja notwendiges Durchgangsstadium im Individuationsprozess der damaligen japanischen Literaten gewesen ist. Diese «Ich-Werdung» durchzieht danach als Grundströmung in mannigfaltigen Variationen die Literatur der nachfolgenden Generationen.

Auch Bokusui scheint auf den ersten Blick diesem Bild eines Naturalisten zu entsprechen, greift er doch immer wieder das auf, was ihm von Stunde zu Stunde, von Tag zu Tag unmittelbar widerfährt oder vor Augen steht. Doch stellt sich hier die entscheidende Frage, was mit dieser Haltung geschieht, wenn sie sich in der Kurzform des Tanka artikulieren muss.

Jedes Tanka steht zunächst einmal für sich; es formuliert – ob es sich nun um die strikte Form in 31 Moren oder um eine freier gehandhabte Form handelt – in sich abgeschlossene Gedanken oder Situationen. Es zwingt also zur Reduktion und Konzentration der Aussage. Selbst wenn es von höchst persönlichen Emotionen ausgeht, ist mit der knappen Formulierung notwendigerweise eine gewisse Selbstdistanzierung und Verallgemeinerung verbunden. Ein Tanka, das allzu sehr in privatem Kleinkram stecken bleibt, entlarvt sich sehr rasch als missglückt. Das heißt, die Tanka-Form entzieht sich ihrem Wesen nach der naturalistischen Darstellungsweise, wie sie sich in Japan etabliert hatte.

Die hier präsentierten Tanka dürften dies bestätigen. Bokusui mag noch so persönliche Motive aufgreifen – indem etwa die Beziehungen zu Eltern, Frau und Kindern oder seine materiell prekäre Lage zur Sprache kommen: Die reduzierte Form der Aussage deutet automatisch auf Exemplarisches hin, das den Leser über das Biografische hinaus anspricht. Dies gilt umso mehr, wenn Bokusui sich mit Naturerscheinungen, Landschaften, jahreszeitlichen Phänomenen beschäftigt. Gerade hier vermag eine sehr persönlich gefärbte Betrachtungsweise im Leser ungeahnte Resonanzen zu wecken; denn Natur ist ein Allgemeingut und spricht jeden in der einen oder anderen Weise an. Letzten Endes tendieren deshalb auch Bokusuis Tanka dazu, von der Aussage her symbolistisch aufgeladene, assoziativ schwebende und von der Form her fließende, lyrisch ausgefeilte Sprachgestaltungen zu schaffen. Und es ist kein Zufall, dass gerade solche Stücke, die dieser Beschreibung am nächsten kommen, ihn berühmt gemacht haben und im Gedächtnis der Japaner gegenwärtig geblieben sind, wie zum Beispiel das Tanka, das dieses Buch einleitet.

Auf anderer Ebene meldet sich der biografische Bezug allerdings zurück und weist Bokusui als Dichter der Neuzeit aus. Man kann nämlich diese Auswahl aus seinem Gesamtwerk nicht so lesen, wie man es bisher mit meist eher zufällig zusammengestellten Anthologien von Waka-Dichtern aus unterschiedlichen Epochen gehalten hat. Immer wieder fallen bei Bokusui Gruppierungen von Gedichten auf, zwischen denen ein motivischer Zusammenhang besteht, auch wenn jedes einzelne als selbständiges Tanka zu nehmen ist. Dies sticht besonders etwa im Reigen von Gedichten um seine Liebesbeziehung zu Sonoda Saeko ins Auge, der sich über mehrere Jahre fortsetzt. Wir gewinnen dabei überhaupt keine Klarheit über Umstände, Motivationen und Zusammenhänge. Aber die einzelnen kurzen Einblicke zeichnen doch ein Gesamtbild dieser Jugendliebe, von Andeutungen erster Verliebtheit über den enthusiastischen Höhepunkt an der Meeresküste im Süden der Bōsō-Halbinsel (im Lande Awa) bis zum langen, bitteren Abschied und völliger Desillusionierung. Diese Entwicklung erhält durch die punktuelle Reduktion etwas Exemplarisches, Überindividuelles.

Dieser Befund lässt sich auf die gesamte Gedichtauswahl übertragen. In Variationen wiederkehrende Motive (z. B. Bergkirschen, Kiefern, der Berg Fuji) stellen manche innere Verbindungen her. Auch wenn sich aus den einzelnen kurzen Einblicken keine Biografie im üblichen Sinn ergibt, lässt sich so etwas wie eine Essenz der dahinterstehenden Persönlichkeit und Individualität erahnen. Wie in einem Kaleidoskop ordnen sich die Splitter zu farbigen Mustern. Über die Wirkung des einzelnen Gedichts hinaus geht eine geheime Faszination von den Konturen dieses lebensumspannenden Panoramas aus, das sich bei kontinuierlicher Lektüre nach und nach abzuzeichnen beginnt. Darum ist es auch so wichtig, die chronologische Einordnung jedes einzelnen Tankas im Blick zu behalten.

Eine solch ungewöhnliche Art und Weise, mit biografischem Material umzugehen, suchen wir im Westen vergeblich, weil uns die spezifisch japanische Tradition des Kurzgedichts fehlt. Es handelt sich um eine eigene Qualität literarischer Gestaltung, die wir den japanischen Tanka-Dichtern zu Beginn des 20. Jahrhunderts, im Besonderen Wakayama Bokusui, verdanken. Sie haben mit ihrer Ich-Suche, mit ihren Bemühungen, sich aus kollektivistischen Zwängen heraus zu befreien, einen Beitrag zur modernen Lyrik und zur Weltliteratur geleistet, der in seiner Eigenart außerhalb Japans bisher noch kaum zur Kenntnis genommen wurde.

Eduard Klopfenstein

LITERATURHINWEISE

Gesamtausgabe (GA):

Wakayama Bokusui zenshū. 13 Bde. und 1 Ergänzungsband. Nagaizumi-chō, Shimotogari (Shizuoka-ken): Zōshinkai shuppansha, 1992–1993.

Bokusuis Kalligrafien sind dem folgenden Werk entnommen:

Bokusui no sho to uta to hito to. Hrsg. Hyūga-shi Bokusui no sho, shokan hensan iinkai. Hyūga-shi (Miyazaki-ken), 2010.

Für die Übersetzungsarbeit wurden unterschiedliche kommentierte Quellen zurate gezogen, gelegentlich auch solche aus dem Internet. Hier seien nur die beiden umfangreichsten Anthologien mit Kommentar genannt:

Fujioka Takeo. *Wakayama Bokusui*. Tanka shirīzu, hito to sakuhin 8. Tōkyō: Ōfūsha, 1981–1983.

Itō Kazuhiko. *Inochi no saihen – Bokusui karuta hyakushu kanshō*. Hrsg. Miyazaki-ken Tōgō-chō Bokusui kenshōkai. Miyazaki: Kōmyakusha, 2001.

INHALT

I – SEITE 5
Stimme des Meeres (1908) · Allein kann ich singen (1909) · Abschied (1910)

II – SEITE 23
Auf dem Weg (1911) · Tod oder Kunst (1912)

III – SEITE 43
Am Oberlauf des Flusses (1913) · Lied des Herbstwinds (1914) · Sanddüne (1915) · Morgenlied (1916) · Sammlung Weiße Pflaumenblüten (1917)

IV – SEITE 69
Einsame Bäume (1918) · Sammlung Tiefes Flusstal (1918) · Schwarze Erde (1921)

V – SEITE 95
Bergkirschen-Lieder (1923) · Schwarzkiefer (1938)

Zu dieser Ausgabe – SEITE 117

Wakayama Bokusui und die Entdeckung des modernen «Ich» – SEITE 133

Literaturhinweise – SEITE 141

Verlag und Herausgeber danken Frau Enomoto Murako, der Enkelin von Wakayama Bokusui und Direktorin des Wakayama Bokusui kinenkan (W. B. Memorial Hall) in Numazu, für ihre Unterstützung und für die Beschaffung der Abdruckrechte von Bokusuis Kalligrafien.

Die Kalligrafien befinden sich zum Teil im Besitz von Privatpersonen, zum Teil im Besitz des Miyazaki-ken sōgō hakubutsukan (Museum der Präfektur Miyazaki).

Verlagsgruppe Random House FSC® N001967

Diese Buchausgabe wurde von Andrea Mogwitz
in München aus der Bembo gesetzt,
von Friedrich Pustet in Regensburg
auf FSC-zertifiziertem Papier gedruckt und gebunden.

Den Umschlag gestaltete Marion Blomeyer, München unter Verwendung eines Ausschnitts aus: Shibata Zeshin (1807–1891), Mt. Fuji (1877). Farbholzschnitt, Freer Gallery of Art, Smithsonian Institution, USA/Robert O. Muller Collection © Bridgman Images, Berlin

Printed in Germany 2018
ISBN 978-3-7175-2452-6

www.manesse-verlag.de